AF461511

par A. Polier de
Saint-Germain

(d'après Barbier)

NOUVEL ESSAI

SUR LE PROJET

DE LA PAIX PERPÉTUELLE.

Libero in aëre natum.

EN SUISSE.

1788.

NOUVEL ESSAI
SUR LE PROJET
DE LA PAIX PERPÉTUELLE.

JE lisois, il n'y a pas longtemps, un de ces ouvrages destinés à préserver l'innocence contre les méprises des Tribunaux; à la mettre à l'abri du danger de se voir la victime du préjugé, des préventions, de la précipitation, de la négligence; à indiquer les règles les plus propres à l'en garantir; à tracer aux Juges la marche qu'ils doivent tenir pour se mettre à couvert de tout reproche à cet égard; à leur donner des leçons de circonspection & de sagesse; à leur inspirer, sur-tout, cette sainte & salutaire terreur qui doit les accompagner toutes les fois qu'ils sont appellés à décider de la liberté, de l'honneur ou de la vie du citoyen; à leur faire écouter le cri de la pitié, en même temps que la voix de la justice.

Plein des sentiments que m'inspiroit cette lecture, j'applaudissois à celui qui avoit animé ces généreux défenseurs de l'humanité; je félicitois notre siècle d'avoir produit un si grand nombre d'Écrivains éclairés & plein de zèle, qui daignent s'occuper d'un objet si intéressant; je leur pardonnois même d'être allé quelquefois un peu trop loin, & de n'avoir pas toujours calculé bien exactement les inconvénients d'une Jurisprudence qui, à force d'être favorable aux accusés, pourroit enhardir le crime, & mettre en danger la sûreté publique par l'accroissement de l'impunité.

Tout-à-coup, une réflexion douloureuse vint se présenter à mon esprit.

Il existe en Europe un certain nombre de Tribunaux revêtus, par le fait, du pouvoir de condamner, lorsque bon leur semble, & d'envoyer, ou du moins exposer à la mort, à la mutilation, à des infirmités ſans nombre & de toute eſpèce, des milliers d'hommes pris au hazard, qui ne ſont ni convaincus, ni accuſés, ni ſoupçonnés d'aucun crime ni délit, innocents par conſéquent, & irréprochables, regardés même, à bien des égards, comme l'élite de la Nation. A la ſuite & aux ordres de ces mêmes Tribunaux, & au moment que leur jugement eſt prononcé, marchent la deſtruction, la déſolation & la miſère, qui ſe portent non ſeulement dans les États que l'on a réſolu de châtier pour les fautes de leurs maîtres, mais ſouvent encore, par une funeſte réaction, dans ceux même que l'on avoit entrepris de venger ou de protéger. Juges dans leur propre cauſe, ils ne reconnoiſſent d'autre Loi que leur volonté ſuprême. Nulle procédure ne précède leurs arrêts; ils ne ſont aſſujettis à aucune forme : & ſi même ils daignent quelquefois les juſtifier aux yeux du public, c'eſt toujours ſous la réſerve qu'ils n'ont à rendre compte de leur conduite qu'à Dieu ſeul. Telles ſont les prérogatives & les attributs de ces souverains Tribunaux, pour l'ordinaire très-peu nombreux, & souvent composés d'un seul Juge, lorsqu'ils sont appellés à décider entre la paix & la guerre. Quelquefois une matinée a suffi pour délibérer sur cette effrayante question, & pour prononcer l'arrêt qui doit, ou porter le trouble, l'allarme, la consternation dans toute l'Europe, ou lui annoncer sa tranquillité.

Je ne suis point Quaker, & je ne prétends pas même aujourd'hui contester aux têtes couronnées cette plénitude de puissance qui les rend les arbitres du repos ou de l'ébranlement général, mais que ces momens où ils vont peut-être décider du bonheur ou du malheur de la Nation qu'ils gouvernent, & en même temps de leur gloire ou de leur humiliation personnelle, doivent leur paroître terribles. Si un Juge ordinaire ne prononce qu'avec frayeur & douleur, l'arrêt qui envoie au supplice le dernier des citoyens, quel frémissement ne doit pas éprouver le Monarque le moins ſenſible, au moment où il va ſigner l'arrêt de mort de tant de victimes innocentes ? Et quel plus grand, quel plus précieux ſervice pourroit-on lui rendre, qu'en lui indiquant le ſecret d'éloigner pour jamais de ſi douloureuſes ſituations !

Comment eſt-il donc poſſible, me diſois-je à moi-même, que dans le nombre de ceux qui conſacrent leurs veilles & leurs méditations à diminuer la maſſe des maux auxquels l'eſpèce humaine eſt aſſujettie, ou à lui procurer quelqu'un des genres de bonheur & de plaiſir dont-elle peut être ſuſceptible, il s'en trouve ſi peu qui ſe ſoient occupés d'une ſi belle & ſi importante tâche ? Quoi ! tandis qu'une multitude de plumes s'exercent à l'envi ſur les moyens de rendre moins fréquentes les erreurs des Juges, ou les ſurpriſes faites à l'autorité, dont les victimes, après tout, n'égalent pas en nombre la dix-millième partie de celles qui ſon immolées à une politique ſouvent mal entendue, ou qui ſont ſacrifiées à l'ambition, à la cupidité, aux caprices, & aux diverſes paſſions des Princes de la terre, ou de ceux qui la gouvernent ſous leur nom, à peine notre ſiècle fournit-il un ou deux écrivains qui aient paru s'intéreſſer pour ces dernières, & qui aient daigné eſſayer leurs forces ſur les moyens de faire ceſſer, ou du moins ralentir ce fléau deſtructeur qui déſole depuis ſi long-temps l'Univers ? Car ce n'eſt pas aſſez de préſenter, de temps en temps, la vérité aux Rois ; de leur rappeller la ſublime tâche dont ils ſont chargés ; de les faire reſſouvenir qu'ils ſont faits pour leurs peuples, & non pas leurs peuples pour eux, & qu'ils ſont reſponſables de tout le ſang innocent injuſtement ou inutilement verſé, par l'effet de quelque erreur ou de quelque paſſion de leur part, ou même pour le ſoutien de leurs intérêts purement perſonnels. Tout cela leur a été répréſenté mille fois ; & ces maximes, à force de leur avoir été répétées avec vocation ou ſans vocation, ſont devenues des lieux communs qui ne réveillent plus l'attention. Que reste-t-il donc à faire ? Chercher les moyens d'ôter aux Princes, & cela sans attenter à leurs droits, si ce n'est pas le pouvoir, du moins l'occasion de s'insulter, de s'attaquer, de se nuire, de se détruire les uns les autres ; les engager à renoncer volontairement à ce droit odieux ; à former entr'eux une Puissance suffisante pour leur assurer à tous la conservation de leurs propres États ; pour décider de leurs différents ; pour maintenir la tranquillité générale, & pour éloigner & repousser tout ce qui pourroit la troubler ; pour faire régner & respecter la Justice de Souverain à Souverain, de Nation à Nation, aussi-bien que de particulier à particulier. C'est d'après de si grandes & de si excellentes vues, que fut autrefois conçu le sublime projet d'une Paix générale & perpétuelle, aujourd'hui malheureusement presque tombé dans l'oubli, & que ma foible & peut-être téméraire plume vient essayer de remettre sous les yeux de l'humanité.

Le projet de la Paix perpétuelle n'est-il qu'une chimere ? ne peut-il entrer que dans la tête d'un visionnaire? ne doit-il être regardé tout au plus que comme le rêve d'un homme de bien, mais dont l'accomplissement est impossible ? Et à le supposer même praticable, n'entraineroit-il point des inconvénients tout aussi grands, & peut-être plus grands encore, que les avantages que l'on en pourroit retirer ?

Voilà deux grandes questions aussi intéressantes pour le genre-humain, qu'il en fut jamais, & qui cependant n'ont point encore été formellement décidées ; si du moins on en doit juger par ce qui se passe dans le monde, & en particulier, par le silence & l'inaction de ceux qui ont le plus à dire ici bas ; qui peuvent donner le plus de poids à leur décision, & qui par conséquent ont le plus de vocation pour prononcer sur cette matière.

Obscur & simple citoyen du monde, j'ose encore élever ma foible voix ; j'ose faire revivre cette cauſe abandonnée ; demander audience à ces mêmes Juges, & les ſupplier au nom du genre-humain, de vouloir bien enfin s'expliquer ſur cette matière, de manière qu'il ne reſte aucune incertitude ni ſur l'une, ni ſur l'autre de ces deux queſtions, & qu'on ſache une fois s'il y a quelque choſe à eſpérer à cet égard.

Je prévois quelle ſera leur réponſe ſur la dernière, ſi tant eſt qu'ils daignent en faire une, & qu'ils voudront bien enfin prononcer en faveur de la paix, & de la paix la plus générale & la plus durable qu'il ſoit poſſible ; & s'il ne falloit pour déterminer leurs jugements que de s'aſſurer du vœu général de la race humaine, j'oſerois affirmer, ſans crainte d'être démenti, que ſur dix mille êtres doués de raiſon & de ſentiment, à peine s'en trouvera-t-il un ſeul qui ne ſente & qui ne penſe qu'une paix générale, univerſelle, aſſiſe ſur des fondemens aſſez ſolides pour devoir en eſpérer la perpétuité, ſeroit un des plus beaux préſents que les maîtres de la terre puſſent faire à ceux qui l'habitent, & qu'elle ne pourroit produire aucun inconvénient capable d'en contrebalancer les avantages. Quelle ſupériorité donc, ſi l'on compte les ſuffrages! mais quelle ſupériorité encore ſi on les peſe! D'un côté, tous les hommes juſtes, tous les eſprits ſages, tous les cœurs ſenſibles, toutes les belles ames, toutes les têtes bien organiſées, tous ceux, en un mot, qui ont des entrailles ou le ſens commun, je n'en excepte pas même les Princes les plus ambitieux ou les plus avides de gloire; je n'en excepte pas même les conquérants, ni ceux qui ont le plus brillé dans la carrière des armes. De l'autre, ce ſera peut-être quelques amateurs de paradoxe, quelques cerveaux brûlés qui ſe piquent de ne jamais penſer comme les autres, ou quelques ſoldats de fortune, quelques traitans, quelques employés dans les vivres, dans les munitions, dans les hôpitaux & autres engeances de cette eſpèce, ſoit en chef, ſoit en ſous-ordre, dont l'exiſtence ou la fortune n'eſt fondée que ſur le malheur d'autrui. Voilà donc une vérité auſſi univerſellement & unanimément reçue qu'aucune vérité puiſſe l'être, confirmée par l'expérience de tous les ſiècles, & qui par conſéquent peut être regardée comme une vérité inconteſtable ſans le ſecours d'aucun autre raiſonnement, c'eſt que la guerre eſt un mal, un mal réel, un mal conſidérable, affligeant, affreux; que la paix eſt un bien, un bien précieux, ineſtimable; un bien dont aucun inconvénient ne ſauroit balancer les avantages.

Il reſte préſentement à examiner ſi ce mal affreux eſt un mal abſolument néceſſaire & impoſſible à prévenir pour toujours; ſi le bien oppoſé à ce mal peut être mis hors de toute atteinte; s'il eſt impoſſible de s'en aſſurer la poſſeſſion.

L'Abbé de St. Pierre, qui le premier, je penſe, ait écrit ſur cette matière, ou plutôt qui ait entrepris de faire revivre cet ancien projet, en a démontré la poſſibilité en même temps que les avantages, au moins il a cru le faire. Les détails dans lesquels il est entré sur l'intérêt que chaque Souverain de l'Europe pouvoit avoir au succès de cette entreprise, au moment où il écrivoit; cette multitude d'observations, de propositions, de conséquences, d'objections, de réponses, dont son ouvrage est tissu; la forme qu'il a donné à ses écrits, qui n'est peut-être pas la plus agréable; son ortographe même, & plus que tout cela, l'indifférence que l'on porte communément sur tout ce qui n'intéresse que le bien général de la société, ou le bonheur du genre-humain pris en gros, ont été cause que cet estimable Écrivain, ce véritable ami des hommes, n'a recueilli de tous ses travaux, de tous ses mémoires, de tous ses projets, & en particulier de celui de la Paix perpétuelle, que des plaisanteries, du ridicule, & enfin, l'oubli; & quant au projet lui-même, toute la grace qu'on a pu lui faire, a été de l'appeller le Rêve d'un homme de bien.

Ceux qui ont traité ce sujet depuis cet

excellent homme, ne l'ont fait que fort en passant, & se sont contentés de former des vœux pour le succès du projet. J. Jaques Rousseau lui-même, après avoir rempli la fonction d'abbréviateur, après avoir exposé les idées de l'Abbé de St. Pierre avec plus de netteté peut-être que l'Auteur lui-même, après avoir employé toute la chaleur & le piquant de son style à les rendre intéressantes, après avoir exalté les avantages innombrables qui résulteroient de ce projet, si jamais il pouvoit se réaliser, après avoir dit qu'on ne pouvoit lui objecter autre chose, si ce n'est qu'il n'avoit jamais été exécuté, finit par en regarder l'exécution comme impossible & même dangereuse, vu la nature des moyens qu'elle exigeroit (1). Il appuye son opinion, d'un côté, sur le peu de lumières des Princes, sans-cesse abusés par les apparences, trop bornés pour connoître leurs véritables intérêts & encore moins ceux de

(1) Voyez son jugement sur la Paix perpétuelle. *Œuvres posthumes.*

leurs peuples ; & de l'autre, ſur le peu de droiture de leurs Miniſtres, toujours occupés du ſoin de ſe maintenir dans leurs places & de ſe rendre néceſſaires, toujours attentifs à ne laiſſer pénétrer aucune vérité utile à l'État, qui pourroit être préjudiciable à leurs vues ambitieuſes, toujours oppoſées au bonheur du peuple, & preſque toujours, par-là même, à l'avantage du Prince.

Je n'examinerai point ſi ces accuſations générales ſont bien ou mal fondées, s'il n'y a pas de l'exagération, & s'il n'y a point d'exception à faire. On ſait que cet éloquent Écrivain, preſque toujours en contradiction avec lui-même, ne croyant d'ailleurs à d'autre vertu qu'à la ſienne, & accoutumé à voir tout en noir, ſe plaiſoit à charger les tableaux de la corruption humaine : mais ſans connoître mieux que lui les différentes Cours de l'Europe, & ſans être au fait de ce qui ſe paſſe dans leurs cabinets, il me ſembleroit bien étrange qu'il ne s'y trouvât pas un Monarque éclairé, & pas un Miniſtre honnête

homme

homme. Je conviens que la grande puiſſance ne ſuppoſe pas toujours la grande ſageſſe; je conviens que les Miniſtres les plus habiles & les plus intègres ne ſont pas toujours les plus écoutés, mais il ne s'enſuit pas que la réunion de ces avantages ſoit impoſſible, & j'aime à croire au contraire qu'elle exiſte dans ce moment.

Mais quand cette difficulté ſeroit levée, & en ſuppoſant même un nouvel Henri IV, ſécondé par un nouveau Sully, le Citoyen de Genève prétend encore que les circonſtances ſont bien moins favorables aujourd'hui pour l'exécution de ce divin projet, qu'elles ne l'étoient dans le temps que ce grand Roi le conçut.

J'ignore l'époque préciſe où cet Écrivain célèbre jetta ſur le papier ſes dernières réflexions ſur cette matière; mais bien loin de penſer comme lui à cet égard, je ſuis au contraire perſuadé que dans les circonſtances où ſe trouve aujourd'hui l'Europe, il rencontreroit bien moins d'obſtacles &

plus de facilités que dans le temps où Henri le méditoit ; l'expoſé même, renfermé dans cet écrit, appuyé des mémoires de ce temps là les plus authentiques, fait voir, d'un côté, qu'il s'agiſſoit, en effet, plutôt d'une ligue, tendante à abaiſſer pour jamais la Maiſon d'Autriche, que de la formation d'une République Européenne ; & de l'autre, qu'une guerre dont tous les préparatifs étoient faits, & qui ne pouvoit être que longue & ſanglante, étoit le principal moyen que l'on ſe propoſoit d'employer pour y parvenir.

Aujourd'hui il n'eſt plus queſtion d'abaiſſer, ni d'humilier aucune Puiſſance ſoupçonnée d'aſpirer à la Monarchie univerſelle. Si l'équilibre n'eſt pas abſolument parfait, la balance du moins ne penche point d'une maniere effrayante, & il n'y a rien à craindre pour la liberté de l'Europe. Ajoutez à cela que ſi, d'un côté, l'eſprit philoſophique de ce ſiècle a ralenti les mouvemens de l'ambition, en faiſant ſentir toute l'abſurdité de ce déſir immodéré de s'agrandir par des conquêtes, qui a fait tourner autrefois tant de cervelles; ſi cet eſprit philoſophique a encore étouffé les ſemences des guerres dont la religion étoit le prétexte; de l'autre, l'eſprit de paix, éclairé & ſoutenu par le génie du commerce, qui regarde en général la guerre comme ſon plus grand fléau, & par celui de la finance dont les calculs démontrent que c'eſt le gouffre qui engloutit le plus de richeſſes; cet eſprit de paix, dis-je, ſemble rapprocher aujourd'hui, ſi ce n'eſt pas toutes les Puiſſances de l'Europe, du moins la plus conſidérable partie. Enfin, le cri de l'humanité, ſi long-temps étouffé par la vaine gloire des armes, ſemble aujourd'hui ſe faire mieux entendre; on commence à mieux connoître le prix du ſang & de la vie des hommes, & le temps n'eſt plus où Mars & Bellone étoient preſque les ſeules divinités réverées ſur la terre.

Ainſi je ne ſaurois convenir avec le Citoyen de Geneve, „ que ces mêmes Princes „ qui défendroient de toutes leurs forces la „ République Européenne, ſi elle exiſtoit, „ s'oppoſeroient de même à ſon exiſtence „ & l'empêcheroient de s'établir, comme ils „ l'empêcheroient de s'éteindre, ſi elle étoit „ établie ".

Cette aſſertion repoſe ſur des imputations, peut-être auſſi fauſſes qu'injurieuſes, comme de n'avoir pour objets „ que d'étendre leur „ domination au-dehors, & de la rendre „ plus abſolue au-dedans; que ces mots, „ *bien public*, *bonheur des ſujets*, *gloire de* „ *la Nation*, ſi lourdement employés dans „ les édits publics, mais à jamais proſcrits „ des cabinets, ne ſont que de vrais leurres, „ pour tromper le peuple, & qu'il doit „ gémir d'avance, quand on leur parle des „ ſoins paternels de ſes Souverains ", & autres ſemblables accuſations, que, ſi elles étoient fondées, devroient faire déteſter & mépriſer toutes les cours, tous les cabinets, & toutes les dominations de la terre.

N'outrageons point les Princes, ni même ceux à qui ils ont remis leur autorité ; ne grossissons pas leurs torts, & souvenons-nous toujours que ce sont des hommes, & par conséquent des êtres foibles & sujets à l'erreur. Reconnoissons que si le ciel ne nous a pas envoyé des anges pour nous gouverner, ce n'est pas non plus à des monstres qu'il a confié ce soin ; & pour ce qui est de leurs Ministres, bénissons Dieu, bénissons nos Rois lorsqu'ils ont fait un bon choix, & gardons-nous de les envelopper tous, sans distinction, dans le mépris & l'indignation, qui doit être le salaire de ceux-là seulement qui, par leur incapacité ou par leur corruption, ont fait le malheur des peuples & la honte de leurs maîtres.

Si le projet, admirable en lui-même, de la paix perpétuelle, n'a point été exécuté jusqu'ici, je crois qu'il faut moins s'en prendre au manque de sagesse de la part des Souverains, & à la dépravation de leurs Ministres, qu'à la forme en laquelle il a été conçu, & à la manière dont il a été présenté, sans parler des différentes circonstances particulières qui ont pu empêcher de s'en occuper avec la persévérance nécessaire.

Voyons d'abord pour la forme.

Le projet de la paix perpétuelle a été lié jusqu'ici, avec celui d'une République Européenne; c'est-à-dire, une République composée de tous les Souverains quelconques de cette partie du monde, de tous les Gouvernemens de quelque étendue, sous quelque forme qu'ils puissent être, monarchiques, aristocratiques, démocratiques, simples ou mixtes, héréditaires ou électifs; une République qui auroit dû embrasser une multitude de nations rivales, étrangères les unes aux autres, ayant des intérêts opposés, commerçantes, agricoles, fabricantes, militaires, de mœurs & de caractères absolument différents, parlant diverses langues, attachées à différents cultes & à différents usages, vivans sous différentes loix. Voilà ce que l'on prétend réunir. Il ne seroit pas ſurprenant que ce ſeul mot de République Européenne eut empêché de s'occuper d'un projet fondé ſur une pareille baſe ; parce qu'en effet, dans l'idée qu'on y attache, il préſente, au premier coup d'œil, des obſtacles qui paroîtront inſurmontables à quiconque aura réfléchi ſur la difficulté de former un corps compoſé de tant de parties hétérogènes, dont l'aſſemblage ne pourroit donner qu'un coloſſe monſtrueux, ſujet à être renverſé par le moindre tremblement de terre.

Ni les Provinces-Unies, ni la Confédération Helvétique, ni la République Américaine, ni même le corps Germanique ne pourroient en aucune manière ſervir de modèle à la conſtitution d'une pareille République. Tous ces différents corps politiques ont été formés par une réunion d'intérêts & de relations bien plus intime, bien plus ſenſible, & en même temps bien plus circonſcrite que celle qui pourroit être préſentée aux différents Gouvernements dont on voudroit composer cette République générale ; & avant que cette constitution fut réglée, avant qu'on en eut discuté tous les points, avant qu'on eut pesé les prétentions de chacun, qu'on eut fixé les droits & les charges, qu'on eut balancé les pouvoirs, combiné les degrés d'influence & d'autorité, réglé les contributions ; avant même qu'on fut convenu des articles fondamentaux, il se passeroit peut-être plus d'un siècle ; & dans cet intervalle combien ne pourroit-il pas s'élever d'incidents qui non seulement retarderoient infailliblement cet ouvrage, mais encore pourroient bien le renverser absolument ?

Est-il bien sûr d'ailleurs que la formation d'une République Européenne assureroit la paix de l'Europe ? Ne seroit-il pas à craindre au contraire, qu'en multipliant les rapports, les relations, & en resserrant les liens qui unissent les divers États de cette partie du monde, on ne multipliât les sujets de dissentions & de querelles, qu'on n'y vit naître les factions, les partis qui troublent ordinairement la tranquillité des Républiques, ce qui ne feroit que changer les guerres étrangères en guerres civiles; c'est-à-dire, que les rendre encore plus cruelles & plus affligeantes. C'est une vérité bien triste sans doute, mais malheureusement trop certaine, que plus on approche les hommes les uns des autres par de nouveaux rapports, & plus on fait naitre de sujets de contestations, de divisions, de haines & d'occasions de se nuire. Qui ne sait que les intérêts de famille sont ceux qui produisent le plus d'inimitiés & d'acharnement, & qui occupent le plus fréquemment les tribunaux. Les hommes en général sont comme les enfans, qu'il faut tenir séparés, si l'on ne veut pas qu'ils se battent.

Bénissons la mémoire du grand Monarque qui le premier conçut le projet & donna l'idée de la Paix perpétuelle; cette idée si digne de l'élévation de son ame & de la bonté de son cœur, fermentant dans son imagination, le conduisit à celle d'une République universelle, chrétienne ou Européenne, & comme il auroit souhaité que son royaume entier n'eut formé qu'une famille dont il auroit été le pere, de même auroit-il voulu que toute l'Europe n'eut formé qu'un seul État dont ses vertus l'auroient appellé à être le chef. Cependant on ne sauroit se dissimuler que le désir d'abaisser pour jamais cette puissante maison d'Autriche, dont il avoit éprouvé si long-temps la mauvaise volonté, n'entrât pour beaucoup dans la formation de ces deux grands projets, & que leur exécution ne dépendit absolument du succès d'une guerre longue & sanglante.

C'étoit donc les armes à la main, & appuyé de la loi du plus fort, qu'Henri prétendoit jetter les fondements d'une paix générale & perpétuelle, aussi bien que ceux d'une République qui devoit renfermer dans son sein tous les États & les Souverains de l'Europe, contents ou mécontents de la portion de puissance qui leur seroit tombé en partage & qui leur auroit été assignée par le vainqueur. Qui ne voit que cette paix perpétuelle n'auroit été dans le fait qu'une trêve forcée, sujette à être rompue à la premiere révolution, ou au premier changement dans la scène politique de l'Europe, & cette République Européenne une Tour de Babel que la confusion des langues & des intérêts n'auroit jamais permis d'achever.

C'est sur une base plus solide, c'est d'après un plan mieux concerté, & sur-tout plus simple, que doit être élevé ce majestueux édifice, qui doit assurer pour jamais la tranquillité de tous les peuples de la chrétienté. Ni la force, ni la ruse ne doivent être employées à sa construction. L'évidence de son utilité bien sentie & bien démontrée est l'unique moyen de réunir tous les esprits & toutes les volontés ; & cette réunion une fois assurée & manifestée, toutes les difficultés que l'indifférence, la paresse ou l'intérêt particulier n'ont que trop grossis, s'évanouiront ; enfin, pourvu qu'une politique inepte ou ténébreuſe ne vienne point déranger l'ouvrage par ſes petites tracaſſeries; que l'orgueil, la hauteur, de fauſſes idées de dignités n'y viennent point ſemer leurs épines; que l'aſtuce miniſterielle n'y vienne point eſſayer ſes tours d'adreſſe & y méler de deſſous des cartes; que l'amour-propre mal entendu de ceux à qui cette importante tâche ſera confiée, ou leur intérêt particulier ne leur faſſe pas enviſager l'établiſſement d'une paix perpétuelle comme préjudiciable à leur ambition ou à leur fortune, en ce qu'elle pourroit les rendre moins néceſſaires pour l'avenir; pourvu, en un mot, qu'on n'apporte à l'exécution de cette entrepriſe que bonne volonté, candeur, droiture & loyauté, l'accompliſſement de ce projet ſi déſirable eſt bien plus facile qu'on ne ſe l'imagine communément.

Toutes ces diſpoſitions ſuppoſées, & ſuppoſant encore un moment de calme & de ſilence des paſſions qui laiſſe à toutes les Puiſſances la liberté de réfléchir murement fur ce qui convient à leurs véritables intérêts, il ne devroit plus être queftion que de trouver ce plan de premiere convention qui doit fervir de bafe à cet édifice. De ce premier pas dépend le fuccès de l'entreprife, il ne fauroit donc être trop mefuré. Je vais effayer de le tracer d'une main tremblante, mais cependant avec cette douce confiance que m'infpire, non l'étendue de mes talens, que je reconnois bien fincérement être au-deffous de cette tâche, ni de mes connoiffances, que je confeffe être très-bornées, mais ma tendre & vive affection pour l'humanité, mon zèle pur & ardent pour le bonheur de mes femblables. Heureux, fi les imperfections, les méprifes, les vuides que l'on rencontrera fans doute dans cet écrit, peut, même en éveillant la critique, exciter l'attention de quelque génie plus capable que je ne le fuis de remplir cette noble tâche.

PROJET de convention entre toutes les Puiſſances, profeſſant la Religion chrétienne, deſtiné à ſervir de baſe à l'établiſſement de la Paix perpétuelle.

ARTICLES PRÉLIMINAIRES ET FONDAMENTAUX.

1°. Tous les Souverains, profeſſant la Religion chrétienne (1), ſeront invités à former entr'eux une aſſociation ſincère, irrévocable & indiſſoluble, par laquelle ils ſe garantiront réciproquement toutes leurs poſſeſſions, territoires, États & droits quelconques, ainſi qu'ils en jouiſſent actuellement, d'après les derniers traités, ſans préjudice néanmoins de toutes prétentions légitimes qu'ils pourroient avoir, ou pourroient élever

(1) J'emploie cette dénomination plutôt que celle de Puiſſances de l'Europe chrétienne, pour ne pas exclure la nouvelle Puiſſance qui s'eſt élevée dans un autre hémiſphère, & qui figure aujourd'hui avec toutes celles de notre continent.

dans la ſuite, auxquelles il ſera pourvu comme ci-après.

2°. Tous leſdits Souverains devront en même temps, & dès ce moment, renoncer formellement & pour jamais au droit, juſqu'ici par eux exercé, de ſe faire juſtice eux-mêmes, qui n'eſt autre choſe que le droit du plus fort, dont il eſt rare qu'on n'abuſe pas; & ils s'engageront, pour eux & leurs ſucceſſeurs, à ſoumettre abſolument toutes leurs difficultés, nées ou à naître, de même que toutes leurs prétentions actuelles ou éventuelles, au jugement abſolu & définitif de leurs Pairs, ainſi qu'il ſera réglé & convenu.

3°. Il ſera créé, pour cet effet, un conſeil ou tribunal permanent, compoſé de Miniſtres plénipotentiaires, repréſentans les Puiſſances aſſociées, revêtues du droit de ſuffrage, auquel devront être préſentées & ſoumiſes, toutes les prétentions, plaintes, griefs, & en général tous les objets contentieux qui pourroient intéreſſer quelqu'une deſdites Puiſſances, pour en être jugé définitivement & irrévocablement à la pluralité des voix.

Obſervations ſur ces trois Articles préliminaires.

Ces trois Articles, néceſſairement & inſéparablement liés les uns aux autres, auroient pu être réduits à un ſeul. Je ne les ai ſéparés que pour en faciliter l'examen & répandre plus de clarté ſur leur contenu ; du reſte, le point fondamental de tout ce projet, c'eſt la rénonciation formelle & effective au droit de ſe faire juſtice ſoi-même, que tous les Souverains qui ſe croient aſſez forts pour l'exercer, ſe ſont arrogés juſqu'ici, & qui auſſi long-temps qu'il ſubſiſtera, ſera un germe éternel & inépuiſable de guerre entre les nations, & fera de l'univers un théâtre d'oppreſſion & de violence. Si l'extinction abſolue de ce droit fait, comme on ne peut en douter, la baſe de toutes les Sociétés civiles, qui ſans cela ne ſauroient ſubſiſter & deviendroient de véritables coupe-

coupe-gorges, elle n'eſt pas moins néceſſaire à la ſociété politique qui unit les Nations entr'elles, & ſon Code du droit des gens reſtera toujours imparfait, tant qu'il y manquera cet article. Pourquoi a-t-il été oublié? pourquoi n'en a-t-on pas fait une Loi commune & inviolable? pourquoi tous les Souverains de l'Europe ne prendroient-ils pas l'engagement formel de s'y conformer à l'avenir, & n'en jureroient-ils pas même l'obſervation à leur couronnement ou à leur priſe de poſſeſſion, & cela en préſence des Miniſtres étrangers qui pourroient s'y rencontrer, & qui ſeroient en droit de leur reprocher leur parjure, ſi jamais ils venoient à y manquer?

Ces trois Articles préliminaires & fondamentaux une fois convenus & arrêtés entre les Puiſſances Chrétiennes, ſuffiroient pour aſſurer proviſionnellement la paix & la tranquillité de l'Europe, en attendant qu'on fut convenu des moyens de les mettre en exécution; ce qui doit être l'ouvrage d'un Congrès, qui seroit convoqué, à cet effet, le plutôt possible.

On joint ici quelques propositions tendantes au but proposé, & découlantes naturellement des trois Articles préliminaires ci-dessus, que le dit Congrès pourra prendre en considération, s'il le juge à propos, & que l'on présente plutôt pour faire voir la possibilité de l'exécution, que pour prétendre rien dicter à cet égard aux Sages qui présideront à ce travail.

Suite des Articles préliminaires.

Toutes les questions ou difficultés qui pourroient s'élever entre les différents Souverains qui entreront dans l'Association, seront d'abord portées par devant les Puissances Arbitres & Médiatrices, qui devront être choisies de la manière suivante.

Chacune des Puissances contendantes présentera à sa partie deux Arbitres pris entre les autres Puissances non évidemment intéressées à la question, entre lesquels la ditte partie en choisira un; & les deux Puissances Arbitres, ainsi réciproquement choisies, formeront le Tribunal de médiation, lequel, après avoir tenté la voie de la négociation, devra, si elle est infructueuse, prononcer, comme Arbitre, sur l'objet ou les objets en contestes.

Dans le cas où les Puissances Arbitres & Médiatrices différeroient dans leur jugement, ou que l'une des Puissances intéressées refuseroit de se soumettre à leur prononcé, la cause devra être portée, par appel, au Tribunal supérieur, composé comme on l'a dit ci-dessus, lequel devra en juger définitivement à la pluralité des voix, & ce, dans le terme le plus court que possible.

Tout jugement rendu par le Tribunal supérieur aura force de Loi, & aucune Puissance, sous quel prétexte que ce soit, ne pourra ni décliner le Tribunal, ni refuser de se soumettre à sa décision, sous peine d'être exclue de l'Association, & de voir ses Ministres rayés du tableau & renvoyés.

Et dans le cas que la dite Puiſſance reniſtente, & ſous prétexte que juſtice ne lui auroit pas été rendue, tenteroit de ſe la faire elle-même, & ſe porteroit à quelque aggreſſion, invaſion hoſtile par mer ou par terre, ou autre voie de fait & acte de violence quelconque non déſavoué ; telle Puiſſance devra non-ſeulement être exclue, *ipſo facto*, mais encore déclarée ennemie de l'Aſſociation, juſqu'à-ce qu'elle ait mis bas les armes, réparé les dommages cauſés, & donné pleine & entière ſatisfaction à la Puiſſance léſée, en ſe ſoumettant abſolument & ſans reſtriction, au jugement porté par le Tribunal ſupérieur.

Il en ſera uſé de même à l'égard de toute Puiſſance aſſociée ou non aſſociée, qui, ſans rendre de plainte préalable & ſans attendre de jugement, ſe permettroit quelque acte de violence ou d'aggreſſion contre quelqu'une des Puiſſances aſſociées, ainſi qu'il eſt dit ci-deſſus.

Dans l'un & dans l'autre de ces cas,

l'Aſſociation ne devra pas ſe borner à déclarer ennemie la Puiſſance qui aura méconnu ſon autorité, mais elle devra prendre fait & cauſe, & réunir ſes forces pour la faire rentrer dans le devoir, & faire obtenir ſatisfaction à la Puiſſance injuſtement & illégalement attaquée.

Et pour cet effet, il devra toujours y avoir un corps d'armée, dont toutes les parties ſeront à la diſpoſition abſolue de l'Aſſociation, & prêtes à marcher au premier ordre de ſa part, ou de la Puiſſance attaquée & plaignante, autoriſée par l'Aſſociation, lequel corps ſera compoſé des divers contingents de troupes qui devront être fournies par les Puiſſances aſſociées, ainſi qu'il aura été déterminé. Et cas arrivant que quelqu'une des dites Puiſſances, en étant formellement & régulièrement requiſe, refuſât de fournir le dit contingent, ou de le faire marcher là où il feroit jugé convenable, la dite Puiſſance feroit par-là même cenſée exclue de l'Aſſociation, & déchue de toute protection de ſa part.

Mais comme dans le nombre des Puiſſances aſſociées, il s'en pourroit trouver à qui il ne conviendroit pas de fournir leur contingent en troupes, ſoit par impuiſſance réelle, ſoit à raiſon de leur poſition locale, de la nature de leur conſtitution, ou de telle autre circonſtance; celles qui ſe trouveront dans ce cas, pourront y ſuppléer par un contingent en argent, qui devra repréſenter le ſecours en troupes qu'elles auroient dû fournir, & qui devra être dépoſé ou conſigné de manière qu'il puiſſe être verſé dans la caiſſe de l'Aſſociation au premier ordre du Conſeil ſupérieur, & employé aux uſages qu'il trouvera convenables.

La Puiſſance attaquée & plaignante pourra s'adreſſer à celle ou celles des Puiſſances aſſociées qu'elle jugera à propos, pour en obtenir le ſecours convenu, & l'employer de la manière qui lui conviendra le mieux, ſoit en s'oppoſant aux troupes que l'aggreſſeur auroit mis en campagne, ſoit en opérant quelque diverſion ſi elle le juge convenable. Elle nommera le Général ou les Généraux qui devront commander en chef l'armée ou les armées qu'elle employera, & qui resteront sous ses ordres aussi longtemps que le besoin l'exigera.

Les Puissances qui se trouveroient trop foibles pour fournir leur contingent en troupes & même en argent, pourront néanmoins se mettre sous la protection de l'Association, participer à tous les avantages qui en peuvent découler ; elles pourront même avoir un Ministre auprès du Conseil supérieur pour soutenir leurs intérêts, mais elles ne devront point y avoir séance.

Aucune Puissance ne pourra avoir plus d'une voix dans le Corps représentatif de toutes les Puissances chrétiennes, soit qu'on le considère comme un Conseil chargé de veiller à la conservation de la paix, & d'entretenir la bonne harmonie entre les dites Puissances, soit qu'on l'envisage comme Tribunal qui devra juger les différents qui peuvent s'élever entr'elles ; les Républiques fédératives, telles que les Suiſſes, les Provinces-Unies, les États-Unis, n'auront chacune qu'une ſeule voix.

La préſidence du Conſeil & du Tribunal ſupérieur devra changer toutes les années, & alterner entre les têtes couronnées ſeulement; & pour éviter toutes diſputes de rang, auſſi bien que pour prévenir des meſures calculées à l'avance ſur l'ordre ſucceſſif dans lequel cette place ſeroit remplie, le ſort en devra décider toutes les années, & ſeulement un mois avant le terme de ſon renouvellement.

Les fonctions & les attributs du Préſident ſeront réglés par le Congrès, de même que tout ce qui concerne la forme à obſerver dans les délibérations du Conſeil, ou les jugements du Tribunal ſupérieur, la police des différents bureaux, & en général, tous les réglements néceſſaires pour faire régner l'ordre, la tranquillité & les bienſéances dans les aſſemblées, y maintenir la liberté des ſuffrages, & faire reſpecter les délibérations qui y feront prifes de manière qu'elles foient hors de toute atteinte.

Du moment que toutes les Puiffances, dont on peut fe flatter d'obtenir l'acceffion au traité d'Affociation, feront convenues des préliminaires ci-deffus ou de tout autres, on procédera à la convocation d'un Congrès dans telle ville que l'on jugera convenable, auquel feront invitées toutes les Puiffances accédentes, aux fins de confommer cet ouvrage, & de lui donner la forme néceffaire pour l'amener à toute la folidité & la perfection dont il peut être fufceptible.

Entr'autres queftions qui pourront être propofées à ce Congrès, on croit pouvoir indiquer les fuivantes.

Ne conviendra-t-il point que toutes les Puiffances qui accéderont au traité d'Affociation, s'interdifent le pouvoir de former des alliances ou confédérations particulières, du moins fans le confentement du Confeil fupérieur, & de déclarer nuls & fans effet, tous traités féparés de Puiffance à Puiffance, qui ne feroit pas muni de ce confentement?

Quelle fera la quantité du contingent foit en troupes, foit en argent, au-deffous de laquelle on ne pourra avoir féance & droit de fuffrage dans le Confeil ou le Tribunal fupérieur?

Quel fera le principe d'après lequel devra être établi la règle qui fixera la quotité des divers contingens que devront fournir les Puiffances qui compoferont l'Affociation?

Admettra-t-on la jonction de plufieurs Puiffances, qui fourniffant entr'elles le contingent déterminé, feroient confidérées comme ne formant qu'une feule & même Puiffance, laquelle auroit droit de fuffrage & voix délibérative dans le Confeil & dans le Tribunal fupérieur?

Admettra-t-on les récufations, & dans quel cas?

Admettra-t-on les proteftations, contre délibérations prifes dans le Confeil fupérieur, ou contre jugements rendus par le Tribunal, & quels feront les cas où elles pourront être admifes?

Dans les arrêts ou jugements rendus par le Tribunal ſupérieur, ſera-t-il obligé d'en énoncer les motifs?

Quel ſera le terme au-delà duquel il ne ſera plus permis aux parties de produire de nouveaux mémoires ou de nouveaux titres, pour le ſoutien de leur cauſe?

Quel ſera celui où chaque difficulté devra être terminée par le jugement du Tribunal ſupérieur?

Le Conſeil ou le Tribunal ſupérieur, ne pourra-t-il pas être autoriſé à prendre connoiſſance des diviſions inteſtines qui pourroient s'élever dans les différents États qui compoſent l'Aſſociation; à y intervenir par ſes bons offices, & à s'occuper des moyens de les pacifier? Ne pourra-t-il pas même être autoriſé à écouter les plaintes des ſujets contre leurs Souverains dans les cas d'oppreſſion ou de violation de privilèges, comme auſſi de faire rentrer les ſujets dans l'obéiſſance dans les cas de révolte ou d'oubli de leurs devoirs?

Ne conviendra-t-il point de donner communication à la Porte Ottomanne du traité d'Aſſociation, pour qu'elle puiſſe ſe conduire en conſéquence?

Ne conviendra-t-il point de s'occuper d'un Code maritime qui aſſure la liberté des mers à toutes les Nations, & des moyens de faire obſerver ce Code?

Ne conviendra-t-il point, en particulier, de prendre les meſures néceſſaires, & plus efficaces que celles qu'on a employées juſqu'ici, pour aſſurer enfin, & une fois pour toutes, la ſureté des mers contre les Puiſſances Barbareſques qui, à la honte des Puiſſances chrétiennes, exercent impunément la piraterie, & détruire, s'il eſt poſſible, tout-à-fait cet indigne brigandage?

Je ne pouſſerai pas plus loin l'indication des objets qui pourront fixer l'attention du Congrès, qui ſera chargé de donner la forme convenable au traité d'Aſſociation; d'en préparer les matériaux, & d'en dreſſer les principaux articles. Sans doute, je ne puis qu'en avoir omis plusieurs : mais ce que j'ai dit, peut suffire pour donner une idée générale des vues que l'on doit se proposer, sans entrer dans des détails qui doivent nécessairement varier suivant la manière dont le projet sera rédigé, proposé & accepté.

Mais qu'il me soit permis de dire encore un mot concernant un point très-essentiel, & sur lequel le peu d'Écrivains qui ont travaillé sur cette matière ont gardé le silence, ou du moins ont glissé bien légèrement ; je veux parler des moyens d'acheminer l'exécution de ce projet, ou de tout autre tendant au même but, & en particulier, de la manière dont il doit être proposé & présenté aux diverses Puissances appellées à y concourir.

Et d'abord il saute aux yeux, qu'il faut nécessairement que quelqu'un en fasse la première ouverture ; car sans cela, il pourroit arriver que tous les Souverains de l'Europe désirassent, chacun en son particulier, l'accomplissement d'un projet de Paix perpétuelle, & qu'il restat néanmoins sans exécution, faute de s'être fait connoitre réciproquement leur manière de penser.

Par la même raison, cette première ouverture ne doit point venir d'un simple particulier, qui n'aura d'autre vocation que celle d'un Citoyen du monde, ami du genre-humain, & s'intéressant au bonheur de ses semblables. Fut-il l'homme le plus doué de génie; eut-il la fécondité d'un Abbé de St. Pierre, l'énergie d'un Rousseau, la sagesse d'un Mably, la sagacité & la profondeur d'un Montesquieu, s'il n'est secondé que par le seul pouvoir de la raison, tout ce qu'il pourroit dire & écrire sur ce sujet resteroit sans effet, aussi longtemps qu'il ne seroit point appuyé d'une autorité capable de donner quelque poids à ses idées?

Mais quelle sera la Puissance qui se chargera de cette noble fonction, la plus intéressante qui fut jamais? De quel Cabinet partira cette première ouverture; cette généreuse invitation adressée à tous les Princes

& États de l'Europe, à renoncer pour jamais au droit du plus fort ?

Je dis d'abord qu'un État foible, quelle que soit la nature de son gouvernement ; quels principes de sagesse & de modération qu'il puisse avoir adopté, ne sera pas écouté. On ne verra ou on ne voudra voir dans cette invitation, que le sentiment de sa propre foiblesse & le désir de pourvoir à sa sureté particulière ; sa foible voix ne pourra pas plus se faire entendre, que celle de l'Écrivain obscur dont je viens de parler.

D'un autre côté, un Prince puissant à qui on connoîtroit un caractère tout opposé à celui qu'une telle invitation sembleroit annoncer ; qui auroit donné des preuves fréquentes ou récentes du désir immodéré de s'aggrandir, ou de tirer vengeance de quelque ancienne injure réelle ou prétendue, dont la haine & la malveuillance pour quelqu'autre Puissance seroit connue, un tel Prince ou ne se chargeroit point de cette vocation, ou n'inspireroit point la confiance néceſſaire pour faire réuſſir ce grand ouvrage.

Puiſſance ſuffiſante pour ſe faire écouter; modération aſſez reconnue pour écarter la défiance, voilà les deux points que doit réunir celui qui ſe chargera de propoſer à toutes les Puiſſances chrétiennes un plan d'Aſſociation tendant à jetter les fondements d'une Paix perpétuelle. Il faut que le Prince qui, le premier, donnera le ſignal de cette Paix générale & imperturbable; qui entreprendra de poſer la premiere pierre de ce majeſtueux édifice, ait prouvé, par les faits, qu'il n'aime point la guerre, quoique très en état de la ſoûtenir; il faut qu'il ait beaucoup à dire, & s'il eſt poſſible, preſque rien à ſouhaiter ni à demander.

Mais ſi à ces titres il joignoit encore des droits, en quelque manière héréditaires, ſur cette ſublime fonction; s'il deſcendoit en ligne directe du ſeul Roi de la terre à qui l'Hiſtoire rende le glorieux témoignage d'avoir conçu ce divin projet; s'il avoit hérité des principes & des ſentiments, & ſur-tout

de

de la noble franchife & de l'exacte probité de ce grand Monarque, autant que de fa puiffance; s'il portoit un titre qui femblat lui faire un devoir particulier & religieux, de procurer & de conferver la Paix entre les peuples de la Chrétienté; fi ce même Prince jouiffoit encore du précieux avantage de fe voir fecondé par des Miniftres, dont le génie, autant que le caractère perfonnel, annoncent toutes les qualités & les talents néceffaires pour réuffir dans ce grand ouvrage; s'ils avoient affez de jufteffe dans l'efprit, affez de nobleffe dans l'ame pour préférer la folide gloire d'avoir affermi la Paix pour toujours, à celle qui pourroit leur revenir de quelques fuccès éphémères dans des négociations momentanées, dont cette même Paix rendroit plus rares les occafions; un tel Prince ne fembleroit-il pas défigné par la Providence pour opérer une fi heureufe révolution, & fermer pour jamais le Temple de Janus? Ne femble-t-il pas qu'il n'auroit qu'à dire : *Que la Paix soit*, pour que la Paix fut (1) ?

Mais, on ne sauroit se le cacher, & il faut oser le dire, il n'est rien d'éternellement durable dans cet Univers. La scène ainsi que le systême politique de l'Europe peuvent changer à chaque instant ; ni les bons Rois, ni les sages Ministres ne sont immortels ;

(1) On auroit tort de prendre ceci pour le langage d'un homme qui cherche à faire sa cour, & qui a quelque chose à espérer ou à prétendre, ou qui du moins voudroit se faire connoître. Premièrement, je ne suis point sujet de Sa Majesté Très-Chrétienne ; je n'habite point la France, & peut-être ne s'en appercevra-t-on que trop à mon style. En second lieu, mon âge, mon état, ma position, m'interdisent toute apparence de prétention à quelque espèce de faveur que ce puisse être. En troisième lieu, mon caractère & ma façon de penser, m'éloignent encore davantage de tout ce qui sent la flatterie, & qui tient au métier de courtisan. Enfin, & pour trancher la question, si quelqu'un peut me faire voir qu'il existe une Puissance en Europe qui ait, à tout prendre, plus de titres, plus de moyens, & plus de vocation que celle que j'indique, pour remplir cette auguste fonction, je suis prêt à reconnoître mon erreur aussi publiquement qu'on pourra le désirer.

une minorité, une guerre malheureuſe, un changement dans le Conſeil du Monarque, un nouveau ſyſtéme d'adminiſtration imprudemment adopté, une rupture inattendue, la défection de quelque Allié, mille événements imprévus, en un mot, peuvent faire perdre à la Puiſſance la plus prépondérante le dégré d'influence qu'elle pouvoit avoir acquis dans des conjonctures plus heureuſes. Tous les moments d'ailleurs ne ſont pas également favorables pour une telle entrepriſe, & il n'eſt pas donné à tout le monde de ſavoir les diſtinguer. Telle circonſtance pourroit paroître convenable à des yeux ordinaires, qui mieux examinée par l'obſervateur politique, ne ſeroit pas trouvée telle. Il faut donc laiſſer le choix du moment à celui qui ſe chargera de mettre le premier la main à cet important ouvrage; à celui dont la gloire eſt la plus intéreſſée au ſuccès de l'entrepriſe, & que l'on doit ſuppoſer aſſez clair-voyant pour juger ſi l'occaſion eſt favorable, & aſſez habile pour ne la pas laiſſer échapper.

Je n'entrerai point, comme l'a fait autrefois l'Abbé de St. Pierre, dans la diſcuſſion des différents intérêts que chacune des Puiſſances, qui tiennent quelque rang conſidérable dans l'Europe, peut avoir actuellement pour accéder ou ſe refuſer à cette honorable invitation; je me contenterai de les conſidérer ſimplement ſous un point de vue général, ſans me permettre d'ailleurs aucune application particulière.

Je dis d'abord, qu'à l'exception de ces Nations vagabondes ſur mer ou ſur terre, & qui exercent leur brigandage ſur l'un ou ſur l'autre de ces éléments, il n'en eſt aucune qui ne préfère, au moins pour elle-même, l'état de paix à l'état de guerre, & qui par conſéquent ne doive voir avec joie tout arrangement équitable & raiſonnable qui, ſans bleſſer ſes droits, peut lui aſſurer le premier de ces deux états. Je dis encore, qu'il n'eſt aucun Prince, aucun Souverain, en quelques mains que réside le pouvoir suprême, qui, s'il connoit ses devoirs & ses véritables intérêts, s'il chérit sa nation, s'il a pour son peuple des entrailles de père, ne se prête avec empressement à des vues aussi salutaires, quelles que soient sa position, ses forces & ses ressources.

En effet, les Puissances trop foibles non-seulement pour pouvoir espérer de s'agrandir, mais même pour résister à celles qui entreprendroient de les opprimer, trouveront leur sureté & leur intérêt dans une Association qui doit les mettre à couvert contre les injustes attaques de l'ambition trop puissante, & qui leur procurera une liberté entière de former toutes les entreprises & tous les établissements tendants à augmenter leur bien-être & leur prospérité intérieure, sans être retenus par la crainte de n'avoir travaillé que pour les intérêts de quelque Conquérant avide; elles ne se verront plus dans la dure & honteuse nécessité de se vendre à d'autres Puissances, ou d'acheter leur protection par des basses complaisances ; elles ne seront plus dans le cas de redouter également des alliances trop étroites entre des voisins puissants, dans lesquelles l'intérêt du foible est pour l'ordinaire sacrifié, ou des ruptures qui ne se terminent qu'aux dépends de quelque innocente victime.

Ceux qui ont de justes réclamations à former, des griefs à présenter, des prétentions légitimes à exposer, trouveront des facilités pour faire valoir leurs droits auprès du Tribunal qui sera établi pour juger des différents qui s'éléveront entre les Souverains. Celles même qui pourroient se trouver dans quelque situation fâcheuse, mais susceptible d'amélioration, auront un moyen de rendre leur sort plus heureux, soit par la voie des négociations, dont le Conseil supérieur sera toujours le centre, soit par celle du recours à la protection générale des autres Puissances.

Il semblera peut-être, que par cela même qu'une Paix perpétuelle seroit infiniment avantageuſe aux États foibles, dont elle aſſureroit l'exiſtence & la liberté, elle ne devroit pas paroître telle aux Princes puiſſants dont elle limite le pouvoir, en mettant des entraves à leur ambition : mais ces mêmes Princes, en ſuppoſant (ce qu'on ne doit pas préſumer) qu'ils n'auroient ni le cœur aſſez bien placé, ni l'ame aſſez élevée, pour ſentir qu'il eſt bien plus doux & plus glorieux d'uſer de ſa puiſſance pour aſſurer la tranquillité de ſes peuples, que de s'en ſervir pour troubler celle de ſes voiſins, ne ſentiront-ils pas du moins, que plus ils ſont redoutables, & plus ils ſont expoſés aux efforts d'une jalouſie générale, & qu'il n'en eſt aucun qui puiſſe être aſſuré de n'y jamais ſuccomber ? Ne ſentiront-ils point, que ſi quelque choſe eſt capable de faire oublier d'anciennes injuſtices, d'anciennes uſurpations, d'anciens abus de leurs forces qu'ils pourroient avoir à ſe reprocher, ce ſeroit une renonciation formelle, abſolue & volontaire au droit de ſe faire juſtice à ſoi-même ; à ce droit odieux du plus fort? Ne ſentiront-ils point qu'une telle renonciation, réciproquement garantie par toutes les Puiſſances Aſſociées, eſt le plus ſûr moyen de faire ceſſer des défiances toujours outrageantes & ſouvent dangereuſes, parce qu'elles peuvent ſervir de prétexte à des aggreſſions imprévues ; & qu'au contraire, un refus d'y conſentir annonceroit des diſpoſitions allarmantes, & contre leſquelles on ſeroit autoriſé à ſe précautionner par toutes les meſures qu'une politique juſtement ſoupçonneuſe pourroit dicter.

A l'égard de ces Princes avides de conquêtes & de renommée, qui croient pouvoir ſe mettre au-deſſus des règles de la juſtice & de l'équité ; qui enviſagent comme le plus beau fleuron de leur couronne le pouvoir de faire le mal quand bon leur ſemble ; le droit d'être injuſtes, oppreſſeurs, barbares, même quand ils jugent que cela leur convient, & qui n'imaginent pas d'épitète plus flatteuſe que celle de *formi-*

dable : à l'égard de ceux encore qui regardent le ſang de leurs ſujets comme un objet de commerce, une marchandiſe dont l'échange ſert à leur procurer tout ce qu'une imagination fertile peut préſenter de ſéduiſant au faſte ou à une cupidité ſans bornes, ou comme une monnoie courante avec laquelle ils peuvent acheter non-ſeulement leur propre avantage, mais encore le malheur d'autrui ; ce n'eſt pas de tels Héros qui doivent être invités à entrer dans une Aſſociation, dont l'eſprit ſeroit ſi oppoſé à leurs goûts & à leurs principes; ce ſeroit plutôt contre ces fléaux de la terre, que devroient être dirigées toutes les forces de l'Aſſociation pour réprimer leur audace, & ſe garantir des effets de leur injuſte ambition. Mais il faut pourtant rendre juſtice à notre ſiècle ; ce n'eſt plus celui des Attilas, & l'on ne voit plus, même aujourd'hui, de Monarques prendre Alexandre pour modèle. Ceux même qui ſe ſont le plus illuſtrés par leurs victoires, ont témoigné publiquement leurs regrets ſur tout le ſang qu'elles avoient fait répandre, & en ont peut-être encore plus gémi en ſecret.

Eſpérons donc, qu'une fois les Souverains qui gouvernent la terre, penſeront aſſez ſainement, entendront aſſez bien leurs propres intérêts, prendront des idées aſſez juſtes de la véritable gloire, non-ſeulement pour accueillir favorablement les divers projets d'une Paix perpétuelle qui pourroient leur être préſentés, mais encore pour prendre cet objet en férieuſe conſidération. C'eſt dans ce doux eſpoir, que j'oſe leur offrir ce foible mais pur hommage de mon zèle, en invitant, d'un autre côté, tous les bons eſprits, amis de l'humanité, & qui ne ſe tiennent pas renfermés dans le cercle étroit de l'égoïſme, à daigner s'occuper d'un objet ſi intéreſſant, & à y conſacrer les talents, les lumières & les ſecours qu'ils peuvent avoir reçu en partage. C'eſt-là l'unique but que je me ſuis propoſé dans cet Eſſai, que l'on ne doit conſidérer que comme le réſultat ou le ſimple apperçu du dernier vœu ; ou pour me ſervir de l'expreſſion conſacrée, du dernier RÊVE D'UN HOMME DE BIEN.